www.ingramcontent.com/pod-product-compliance
Lightning Source LLC
LaVergne TN
LVHW101932220826
846093LV00009B/438

* 9 7 8 9 9 4 8 7 6 4 3 1 1 *

يَدي وحيدةُ منْكبِي

شعر

إخليهنّ بوبكر

يَدي وحيدةُ منْكبِي

شعر

إصدارات دائرة الثقافة، حكومة الشارقة 2024 م

الناشر: دائرة الثقافة - حكومة الشارقة - الإمارات العربية المتحدة
الهاتف: 5123333 6 971+
البرّاق: 5123303 6 971+
الموقع الإليكتروني: www.sdc.gov.ae
البريد الإليكتروني: sdc@sdc.gov.ae

الطبعة الأولى 2024

811.9661
ب ا. ي بو بكر ، اخليهن
يدي وحيدة منكبي / اخليهن بو بكر.-الشارقة، الإمارات العربية المتحدة : دائرة الثقافة، 2024.
51 ص ؛ 21x14 سم.
1. الشعر العربي – موريتانيا – دواوين وقصائد

ISBN:978-9948-764-31-1

كَأيِّ مَنْسِيِّ

بُكائِـيَّ المطـالِـعَ مثــلَ قَيْــسٍ
مـلأتُ مِـنَ الفـراغِ جِـرارَ حَدْسِـي
صديقــي لَــمْ يُعِــدْ مــا قالَــهُ واكْـ
ـتَفــى بالرّقـص فــي حفـلٍ برأسـي
عُلُــوٌّ فيــهِ فــي الجينــاتِ لَـمْ يسْـ
ـتَطِـعْ وَتَطاولـتْ يُمنــاهُ لمســي
يُحدِّثُني عــن الشُّعــراء لــو كَــا
نَ مِنهـم قـد يعـي فـخَّ التَّأسِّـي
قُبَيـلَ الصُّبحِ هَـوْدَجَ حُلمَـهُ واشْـ
ـتَهــى سَـفَرًا يَطُـولُ كأيِّ مَنْسِـي

ويعـرفُ مـا الطَّريـق فكيـفَ فـي آ

خِري يمشي وبعضُ خُطاهُ عكسي

يُحـاولُ دوخَــةَ السَّــكران لكـنْ

تعَــوَّدَ مــوتَــهُ كـأســاً بكــأسِ

مَلــيءٌ بالأغـــانــي قَــيِّمــاتٍ

تُحـاوِلُ فـي انغمـاسِ الطَّبـلِ دَسِّـي

وَثِقْـتُ بِغَيْــمَةٍ لَمَّــا أضــاءَتْ

فَصُنــتُ العَهْـدَ مَأخــوذاً بِيُبْســي

فَهَبْنـــي الآنَ مُتّــَسَـــعــاً لِأَروي

مِــنَ الآبــارِ مــا يَمْتَــصُّ نَفْســي

بَعَثْـــتُ إليـه حَطَّــابـــاً أنيقـــاً

فَلَـــمْ يَنظُـــرْ وَلَـمْ يأبَـهْ بِفأســي

كَثيــــراتٌ بِـــهِ الأشجارُ مُذْ قَرَّ

رَتْ تَـخضرُّ شَوْكـــاً دونَ وَرْسِ

مَشـــى مُتَخَلِّصــاً مِـن كُلِّـهِ بالـرَّ

حيـلِ رَأيتُـهُ فَبـــدأتُ عُرســي

بِموسيـقَى تُــرَدِّدُهـــا الصَّبـايـــا

بِحُلْـمٍ ظَـلَّ يَعْـرى دونَ لِبْـــسِ

بِحَفْنَـــةِ عاشِـقينَ ونخلَـةٍ فـي الْـ

جِـوارِ ونســوَةٍ حاولْـنَ غرســي

دم الرحيل

صمـتُ الجبــال ومـا يحكيـه أيّـارُ
حانـــاتُ لهـــوٍ برأســـي الآن تنهـــارُ
بـ"تِيرِسَ" النّاسُ كالألحانِ ما انتسبوا
لغيـرِ نـاي لـهُ فــي الشـطحِ أوتـارُ
ظَلُّوا يُضيئُونَ من مِصباحِ ضحكَتِهِم
وجــهَ المُســافرِ إن جاســتْ بــهِ الدَّارُ
حيث الضّفائر تستدعي الصداع إلى الْـ
ـجُلــوس إن نشــبت في رأســه النّارُ
حيث الأباريق تستلُّ الوجوه من الْـ
ـحدائقيــين لمّـــا بِركـــة صـــاروا

أرى التّــــلال علــى رفــقٍ تودّعنـــي

والدّمــعُ مرســاه فــي العينيــن إبحارُ

كـــانــــوا مهذبـــةً أذواقُهـــم يتَبَـــا

دَلُــونُ طعــم الأغانــي حيثما ســـارُوا

هم أيقظوا الحبَّ في عينيكِ سيّدةَ الشَّـ

ـمـــالِ حتى التقـــتْ أيروسَ عشـــتارُ

دمُ الرحيــل بهـــم أشــجَى منابعَـــه

أن الإقامـــة فـــي الأجســـاد أســفارُ

فسافروا صوْب غيماتٍ معي ومَضَوْا

كالشّـــر أنّـــى أشـــاحتْ عنـــه أزهـــارُ

السندباديون

بريئـونَ هـم كالنّـار مـن سببِ المـوتِ
فلـم يُصلَبُـوا مـذ كسّـروا قلعـة الصمـتِ
يُــؤَدّون فــي الأجســاد أدوارَ روحِهــم
وفــي كلّ دورٍ وثبــةٌ مــن يــد الوقــتِ
وجــاءُوا مــن الأنقــاض يَبنــون ظلّهــمْ
كأيِّ جِدارييــن فــي حضــرة النّحــتِ
دمــوعُ المــداءات التــي فــي عيونِهــمْ
تجــفّ جنانــاً مــن شــعورٍ بــلا كبْــتِ
إذا بانـــت الشطـــآن ليـــلاً بفتيـــةٍ
يشـدّون أعصـاب الكَمَـان علـى اليَخـتِ

مقامُهُـــمُ وصــفٌ لبعــضِ حقيقــةٍ

فكمْ دوّخوا الوصفَ احتباساً عن النعتِ

إذا علّــقَ الســكرانُ معطــفَ ليلِهــمْ

تَعَــرّوْا كمــا الجـدران توقــاً لإســمنتِ

شَــدَوْا مــن كثيـف الشــعر أفخـم نغمــةٍ

وصاحوا كما زريابُ من آخرِ الصوتِ

لكــمْ حاربــوا التكــرارَ نصّــاً مورَّثــاً

وصبّوا علـى التوريث مـن حرقة الزيتِ

لَهُـمْ مـا لَهُـمْ فـي حلـمِ طفـلٍ بـلا أبٍ

إذا حــنّ لــلأم انحنــاءً علــى الأخــتِ

يلفّون عشباً للزمان إذا اجتوَى
وإن ماتَ فردٌ فسّروا فكرة النبْتِ
فهُمْ سندباديّون في النسق الذي
بداهتُه عزفٌ على جسد الرَّسْتِ

صيَّادٌ على أَثير المَغيب

حـــدَّ اكتِســاءِ المغيــبِ حُمرتَــهُ
لَـــوَّنَ بالمعتميـــن لوحتَـــــــهُ
يَشِــيخُ كالنَّهــر دونَ أشـــرعةٍ
حيـــنَ تســـدُّ الرّمـــالُ وجهتَـــهُ
يضُـوع بالحُـبِّ مُذْ شَـدَى قَلِقاً
"زارتْ" فظَـنَّ التـــي "عُلَيَّتَـــهُ"
يعضُّـــهُ اللَّحـــنُ مـــا رأى جســداً
يُذيـــبُ فـــي المِلْحَفـــاتِ رِقَّتَـــهُ
عَطّشَــه الوقــتُ فانتحـــى لُغَــةً
سكرَى وصبَّ المجـازُ خمرَتَـهُ

وإن سَـقَتْهُ النّجـومُ مـن يَدِهـا

أضـاءَ للعـاشِقـاتِ لَيْلَتَـهُ

قَديمـةٌ زُرقـةُ البحـارِ بِـهِ

مُـذْ كانَ يبنـي فـي المـاءِ قريَتَـهُ

مُـذْ جلَسَـتْ فـي دِمائـهِ مُـدُنٌ

أجَّـلَ فـي المُبحِريـنَ رِحلَتَـهُ

يقـولُ مَـنْ يقرؤونَـه حِقَبـاً

لَـهُ طَريـقٌ فـي النّـص ثَبَّتَـهُ

هـو انتقـى الشّـاعريَّ أجنِحَـةً

لِلـذّات.. مَـن يشـتهي مَعِيَّتَـهُ؟

جسدٌ فقير يُثري ملابِسي

كالريـح أطـوي بِحـاراً والمـدى فُلْكِـي
صوتي دموعُ الصّدى حين الصّدى يَبكِي
حَفِظْـتُ مـا نسِـيَ العطّـارُ مـن جسـدي
كأننـــي فكـــرة فـــي خاطـــر المِسْـــكِ
مـا خضـتُ إلّا طريـق الشـاعرينَ فلَـمْ
ألُــذْ بغيــرِ صــدىً ينحــازُ لِلشَّــكِّ
وَطِبـقَ غابـاتِ سُـكري حيـن يعبُرُهـا
حَدْسـي تَـرِقُّ الشُّـجَيراتُ التـي مُلكـي
مـــا قِصّـــةُ النّهـــر إذ تُلقيـــنَ أُحجيـــةً
عليـه يُوصـي بـأن الصّـدقَ فـي الإفـكِ

لا النّهُر يعنِيـه مـا لـونُ الـزّوارِقِ فاسْـ

ـتَلقي وعَـرّي دِمـاءً كُلَّهـا سَـفْكي

هــذا الرِوائِــيُّ فــي عينيــكِ مُتّشِــحاً

بالكُحل يُخفي عيوبَ النّص بالسّبْكِ

جاوزتُ كونَ السّكارى في الصُّداعِ هوىً

وكُلّمـا ضـاقَ كونـي أحتسـي منـكِ

أنسـاكِ.. مـا لُغتـي تنسـى مَـنِ انْدلَعَـتْ

تُحـرّضُ النّهـدَ والأردافَ أن تَحْكـي

قُصاصةٌ لِـ "كوكبِ الشّرق"

الْتِماعُ الغُموض يُوضِحُ ما لَا

فـي سماءِ اللّيـلِ الجريـحِ هِلالَا

والغِـلافُ الّـذي تَمَنَّتْـهُ ذاتـي

جسـداً للبريـد ظَـلَّ انتِحـالَا

فاتِّسـاعُ المعنـى أراهُ اجتِراحـاً

للوميض الّذي استَراءَ وَزالَا

ما عُبوري وليلَتي صوبَ عَرْشٍ

"أُمُّ كلثومَ" فيهِ نَصٌّ تَوالى

والسّكارى الّذين أخفَوْا صُداعاً

فـي كُـؤوسٍ زُجاجُهـا يَتَـلَالَا

قَـدْ أعَـدُّو مِـنَ الغُيـومِ بِـلاداً

تَتَداعـى علـى السُّقوفِ ظِـلالَا

مجرّد توقيع

مُفَكّكَــــةٌ عينـــاهُ ليلَـــةَ لِبْسِـــــه
نُهــودَ فتـــاةٍ مـــا أطلّــتْ بِحَدْسِـــهِ
ومـــا الشّــعرُ فـــي أُنثـــاهُ إلا مُفَكَّــكاً
وإنْ شَــفَّرَ السّــيابُ نَغْمَــةَ جرْسِـــهِ
بَقريَتَـــهِ كُلُّ اللّواتـــي اعتقـــدنَ أنَّـــ
ـــهُ صُدفـــةٌ.. كُـــنَّ امتِـــداداً لِحِسّـــهِ
كقِصّـــةِ جَـــدّاتٍ عـــنِ القـــاتِ فجـــأةً
حَكَيْـــنَ عُطاســـاً مِـــن قَســـاوَةِ يُبْسِـــهِ
تعـــوَّذَ بالتفكيـــك مـــن كُلّ مُغتَـــدٍ
أَلَـــمَّ بجِـــذع النـــصّ مـــن غدرِ فأسِـــهِ

يُعَـرّي التّواريـخَ اشـتِهاءً لِحاضِـرٍ
يكـونُ لـهُ وعيـاً يتـوقُ لِلَمسِـهِ
فَرعْشَـةُ مـوَّالٍ مُغَنّـىً بِقريَـةٍ
مُجـردُ تـوقيـعٍ وختـمٍ برأسِـهِ
ومنفـاه إصغـاءٌ لشَـتْلٍ تنَّكَـرتْ
لَـهُ كـفٌّ سـقّاءٍ فمـالَ لِغرسِـهِ
ويختَـلُّ بيـن الشـمسِ والظّـلِ يومُـهُ
شَفَتْ شمسُ "غاليانو" اختلالاتِ أمسِهِ
وقالـوا انتَهـى الإنسـان أيـن دليلُهم
ومـا رَقَصـوا والكـونَ إلَّا بِعُرسِـهِ

مرثية متأخرة

إلى صديق الطفولة ابُّوه ولد حبيب الذي وقف على ضِفاف الأطلسيّ وقال للموجِ انتظرني

معنـــى الحكايــةِ إذ أرثيــك يُفتقَـدُ
وحـزنُ "مَلَّـحَ" فـي عينيكَ يحتَشِـدُ
كنـــا بـــراءاتِ أجســـادٍ بِقريتنـــا
نبنـي زمانـاً علـى الأحـلامِ يسـتَنِدُ
ما الأرضُ كانتْ لِروحٍ لا تليقُ بها
إلا السّــماء بــلاداً.. هل يَعــي البلدُ
جَـدِّفْ أمامَكَ يا خيـرَ الذين غفَوْا
في البحرِ يمتَصُّ موسيقاهُمُ الجسَدُ
إليكَ مـدَّتْ ذراعُ الغارقيـنَ يـداً
صافحتَهـا مُقْبِـلاً والمـوجُ يبتَعِـدُ

بينـــي وبينَــكَ تَمضـــي كُلُّ ثانيَــةٍ
بالشَّــوق للحكــيَ لا يفنــى بنــا أَبَدُ
كيـف الكتابةُ عن مـوتٍ تَرَاه صديـ
ـــقاً قالَ والسامعان البحرُ والزَّبَــدُ
مهمــا تُؤولُــكَ الأمــواجُ لا جهــةٌ
تحويــكَ يا خير مَــنْ بالموج ينفردُ
تَصَفُّــحُ الصُّورِ البيضــاءِ معضلةٌ
بالليل إن قالَ صبحٌ حســبنا الصّمَدُ
لــدى الحيــاة ديــونٌ للذيــن نَــأَوْا
عنهــا خِفافــاً ببــذلٍ مــا لَــه نَفَــدُ

إلى فراشةٍ ما

بغيـمِ سـماكِ هيَّجـتِ القوافـي
وسُـفْنُ الحُـبِّ ترسـو بالضِّفـافِ
تُناجـي الموجَ كُلَّ الموجِ زُلفـى
لِتعبُـرَ نحـوَ ميناءِ انكشـافي
تُحرّفُنـي النصـوصُ فِخاخَ طيـنٍ
ليوغِـلَ سُـمرةً رمـلُ التّجافـي
أنا الصّيفُ الذي انتظرتْهُ "ليلى"
ففاجأهـا الشّـتاءُ بِـلا لِحـافِ
ومهمـا جَفَّـفَ المصبـاحُ قلبـي
فضوءُ الحُبّ ينمو فـي الشّغافِ

مـنَ الشـعريِّ منـكِ نَمَـتْ ظلالـي

علـى الجـدران تشـحذها السَّـوافِي

لَكَــمْ تتَسّــكعُ الشــاماتُ وشــماً

بجيــدٍ جَــلَّ كالرّمــز الثّقافــي

وإنــي كلمــا كحّلــتِ طرفــاً

مِـنَ الألحـاظ نـاءَ بِـيَ انحرافـي

ولمَّـا قــدّتِ الذكــرى قميصــي

لِبابِـكِ قـد لَجَـأتُ كمـا المنافـي

أَعيـدي الضّـوء للأعمـى بوصـلٍ

أيـا قمـراً.. فقـد طـال انخسـافي

كفـــاكِ تمنُّعـــاً جَفَّـــتْ دِلائـــي

وصحـــرائـــي تُتَمْتِـــمُ بالجفـــافِ

أيـــا امـــرأةً تُريـــقُ دمـــي نبيـــذاً

أمـــا يكفيـــكِ مـــن نَزفـــي الخُرافـــي

تعبـــتُ مـــن الحيـــاد تعبـــتُ جـــدّاً

وفصلُـــكِ قـــد تمـــادى فـــي الجفـــافِ

حِسُّ البُذور

ولِأنّهُ..

كاللافتاتِ بسَحْنَةِ المبنى

تقُصُ حروفَها للِشارِعِ

الأضواءُ

مُنزوياً أراهُ بحانةٍ شابتْ

فخَفَّ توهُّجُ النّواسِ فيها

خالِعاً أسمالَهُ..

مُتَنَقّلاً بين المجازاتِ

الّتي نَحَتَتْ بِهِ

قبراً مِن التّرحالْ..

لولا التّداوي بالعناق مُحَبَّباً
ما كانَ يحضنُ ما تبقّى منه
إن أفشى خِباءَ حنينِهِ المذياعُ
مِن عَوَرٍ بعينِ جهاتِهِ
مرِضَتْ عيونُ الشّمسِ
فاستهوى عيونَ اللّيل
كَيْ يُخفي ثُقوبَ صِفاتِهِ
وَلِكَيْ يُعربِدَ ما تَرَطَّبَ
مِن شِفاهِ رِمالِهِ

هُوَ كالمساءِ تَأنُّقاً يمشي..

فمُعضِلَةُ المساءِ

أناقةُ الْمَشْيَ

ارتَدى لحناً بسيطاً

كانَ يصحبُهُ

وأشجى بالغناءِ الحُلْوِ

أطفالَ القُرى المطوِيَّةِ الأحلامِ في النّعشِ

انْتَقى غيماً صديقاً للرعودِ

لا فكرة للعارفين تصوفتْ إلا عليه يدلها المعنى

بما يحويه من قلقٍ

على الحطاب والظلّ الذي أحنـــى
إِذا غنَّاه عُشبُ مزارعٍ جفَّتْ ببلدتِه يرِقُّ
فحِسُّه حسُّ البُذورِ
وإنْ يخالُ المنجلَ البستانَ من شَبهٍ
سيحصُد موطِنا من خُضرةٍ
تنتابُهُ

مسرحية الليل على خشب المارين

وليلٍ بمن جَرحوهُ مُضيءٍ..

ظِلالٌ على السقفِ

تعكسُ أرواحَ من سَطعُوا

مَن تدَاووْا بقطعِ المسافةِ

ركضاً إلى الماوراءِ..

يتُوقونَ سكرى لوحيٍ

ووحيانِ فيهِم قد التَهبَا!

يقولونَ للصوتِ: من أنتَ؟ منْ..؟

لَا يُجيبْ!

كأنَّ الصدى لَا يقول:

أنا مسرحٌ للذينَ غدِي مثَّلوه على خشباتِ الرحيل

مُصرّين عُرياً على الدورِ..

كي تخلعَ الروحُ جلدَ الحياهْ
حواراً حِواراً
يُعدّون أعمارهم لعبُور الحكاياتِ
أعلى كمَا يشتَهونْ!

أصابِعُهم تلكَ في خصلةِ الليلِ ظلّتْ بديهيَّةً
كلّما هرَّبوها يُفاجئهم موكبُ الشمسِ باللّاصَباحْ
وإنْ خصّهم موسِمٌ بالجَفاف
يُصفُّون من شفةِ الماءِ أعذبَهُ
إذْ يغنُّون أنشودةَ الأطلسيِّ:

"شواطئُ ترجيتَ" كانتْ تُحدِّث عنْ
شوقِها للنُذورِ الموثّقةِ الأمسَ حضناً بحضنٍ
وصارتْ شواطئُ ترجيتَ عن كلِّ خمسِ نذورٍ تجفُّ دماً
مثلَ أيِّ شواطئَ أخرى جفَتْها الغُيومْ
وإنْ شبَّ فيهم حريقُ الليالي
أساتِذةً في العناقِ المفخّخِ بالأمنِيَاتِ
كما المطربين إذا انغمست في عمى الليل أوتارُهمْ
رقصوا كالدراويش..
في ذروة العزف تمتصهم أوركسترا المواويل
ملتذة كل أعصابهم بعناق الكمانْ

عريشٌ ومنفضة للدخان تقيس
ولا أحدٌ يفتح الإنتظارات برقيَّةً للعبور
فرادى يَخيطون بالصمت جرح الصَّدى
مُرعَوِينَ عن المشي عمداً
إلى ما تنوء حدودهْ
كأن جبين الثعابين يندى لهمْ
خفيفون كالنهد قبل رضيعٍ
وكالخصر عند صلاة الهوى..
هكذا همْ..!

على مسافة منه

يصلـي مـن زمـان فـي البـرارِي
كأنّ الريـح مسـجدُه الحضـارِي
ومِـن حمـلِ الحقائـب مـلَّ لكـنَّ
سـكّتَه تضيـق عـن القطـارِ
يـدوخ وقـد يـدوخ كفيلسـوفٍ
إذا زنـدٌ تأنّـثَ بالسّـوَارِ
يَسـير إلـى زمـان الوعـي نصّـاً
يوثّقُـه الغبـار عـن الصحـارِي
يجـيء من الفصـول كمـا المعرّي
ليدخـل والحكايـةَ فـي شـجارِ

تـراث عطَّـشَ المعنـى اجتـراراً

فمـن ذا سـوف يصغـي للجـرارِ

صـلاةُ الشعـرِ دقٌّ للمهـاريـ

ـسِ بـابٌ للمسـاء علـى النهـارِ

رعـاةٌ نحـنُ للفقـد اصطفافـاً

إذ الكلمـاتُ للموتـى تُجـارِي

ومهمـا قـال يَبْـسٌ أنـه شـهْـ

ـقَةٌ للطيـن فـي صـدر الغبـارِ

فذي الأمـواج للمجـداف حضـنٌ

إذا الطيـنُ اشـتهى نـزْفَ البحـارِ

عن النّجار

ولأنــه فــي الرّمــل محــوٌ بيّــنُ
كانت قُرىً في ضلعِه تتمدّنُ
ماتت يد النجار لم يدرك سوى
بضعٍ من الجسد الذي "يَتَمَرْتَنُ"
رأت النوافذ ما على الأبواب لَوْ
نـاً مُوحِشـاً فغَدَتْ بـه تتلـوَّنُ
كانتْ تُرافقُه إلى الورشات أسْـ
ـئِلَةٌ سـميكٌ رأسـها ومُسَـنَّنُ
كيف التداوي من هدوءٍ موقِنٍ
أن الضجيج له دموعٌ صُوَّنُ

كيف البلاد تقلّ دوماً عن مدَى

ما يشتهي العصفور حين يُدندنُ

كيف الخلاصُ من الذين تَناهَبُوا

صحراءه لما رَأَوْهُ توطّنُوا

إن يُسْئَلِ النجار عن مأساته

يوماً لقال دَعُوا البلادَ تُخمّنُ

بوابة الذكرى

خمسٌ وعشرونَ عاماً والخُطى قَلَقُ
أنا الذي كلما أغلقْتُنِي طَرَقُوا
باليُبْس متّهَمٌ بحرِي وعابرُه
لأنني لمْ أعِرْ موجاً لمن غَرِقُوا
من أين أدخُلُني والمفرداتُ إلَى
قلبي سلكْنَ طريقاً دربُه نَزِقُ؟
عرّافةُ النّصّ مسّتْ جُرحَ أروقتي
ضرباً على الرمل حيثُ الشعرُ والأَرَقُ
وحيث تنهمر الدنيا بكاملها
سحراً فتلتبسُ الأرجاءُ والطّرُقُ

وذكرياتٌ بَدَتْ تنأى مؤنّثةً

تابوتَ صخْبٍ بماء الهَجْرِ قد شرِقُوا

هَمُّوا بأسئلةٍ مجنونةٍ نزِقَتْ

ففرَّ منها الصدى لمّا بها نَطقُوا

غامتْ فسَحَّ على آثارها مطرٌ

أثارَ مهجةَ قلبٍ نبضُه عَبِقُ

أنقاضَ بئرٍ لكمْ بالماء قد وَعدَتْ

طفلاً يتيماً بدهرٍ كاد يَختنِقُ

والأرضُ منــذ احتمــالاتٍ مُؤَرجحــةٌ

يفـوح ملْءَ حناياهـا الصّـدَى النّـزِقُ

ذكـرى تداعـتْ علـى العـكّازِ مـن تَعَـبٍ

تسـير حيـث لفجـرٍ قـد مشــى أفُـقُ

حيــث المــداءات أبــوابٌ مفتّحــةٌ

للقارئيــنَ أكــفَّ الغيــب إن عشِـقُوا

ومَــن تَرَجَّــوْا مــن الأقــدار مغفـرةً

ومَـن بقدّاحـةِ المعنـى قد احترقُوا

نازحٌ متعدد البلدان!

رغم اتّساع الكون
في تغريدِ عصفورٍ تَفَيّأ وارفَ الأغصانِ
وحدَك
كنت غرّيدَ اتساع الكون في شأنٍ
تحلّقُ
في المُوَشّى من سمائك بالنجومِ
وتنتقي غيم الصداعِ
معيةً لكَ
كيْ تَعِي
ما لا تعي الزرقاءُ من شجَر التقمّص رقةً

والريح حول هبوبك الشعريّ
من سكرٍ تدورُ
على المحطة تنبُش اللغةَ البريئهْ
وتشمُّ حيَّ المفردات محارةً
وتسائل الجهة الغريبة عن بلادك
ما عدا الصّفصافةِ الملقاةِ
بينَ صباحِ مقهى المشتهى ومسائِهِ

في السُّكر لم أكتم شهادةَ كأسكِ
فالحقيقةُ إبنةُ الحانات

مُتَّكأُ الفواصل في ازرقاقِ النّصّ

مكنسةُ البواخرِ للبِحارِ

وفتحُ كلِّ قصيدةٍ قوسيْن للموتى

ومعطف سيّداتٍ

يحتَسينَ مع الشتاء

فنجان الطلاق مركّزاً

نردَ احتمالاتٍ

عبرْتَ مع الهواءِ الرطبِ أحياءَ الصّفيحِ

فناولتْكَ -كما يحبُّ العابرُ- المُدنُ الجريدةَ

قلّمتْ "ريتا" أظافرَها الشهيَّةَ

حينَها

رافَقْتَ أنثى الغيب للمقهى

فرحَّبَ نادلٌ بكما وقالَ البابُ:

في لغتي انكسارٌ

يحتفي بالإنكسارْ

وفمي يغادِرُ قريَتي

أمّا المقاعدُ لمْ تقُلْ

درويش أهلاً

إنما قالتْ:

أنا عربيَّةٌ وعشيرتي الزّيتونُ

تعرفني يداكَ

ألستَ تعرفني؟

حسناً إذنْ:

سأودُّ أن ألقاكَ حين أودُّ

ما قد أشتهي..

قبل الأوانِ بنصفِ قرنٍ

والمعاجمُ ترتدي فُستانَها

سار الشجاع إلى كثيبٍ مُنحَنٍ متوتِّرٍ

لكنَّ مُهرةَ عُمرِهِ نامتْ

ولمْ تصْهَلْ

فكيفَ يَعِي الصّدى متأخراً
أنْ هكذا
بالموت لوَّحَ لاعبُ النردِ الأخير
مِن القصيدةِ معلِناً في الإكتمال غيابَه.. فغيابَنا
أم هكذا بعثَتْه ساعِيَةُ البريدِ وعطَّرتْ
بالإكتمال حروفَهُ
صوبَ الخلود كنازِحٍ مُتعدّدِ البلدانْ!

الفهرس